Bibliografische Information der Deutschen Nationalbibliothek:

Die Deutsche Bibliothek verzeichnet diese Publikation in der Deutschen National-
bibliografie; detaillierte bibliografische Daten sind im Internet über http://dnb.d-
nb.de/ abrufbar.

Impressum:

Copyright © 2009 GRIN Verlag, Open Publishing GmbH
Druck und Bindung: Books on Demand GmbH, Norderstedt Germany
ISBN: 978-3-668-17753-6

Dieses Buch bei GRIN:

http://www.grin.com/de/e-book/181112/konrad-adenauers-ostpolitik-aus-sicht-der-
spd-parteizeitung-vorwaerts

Matthias Papesch

Aus der Reihe: e-fellows.net stipendiaten-wissen

e-fellows.net (Hrsg.)

Band 1762

Konrad Adenauers Ostpolitik aus Sicht der SPD-Partei-zeitung "Vorwärts"

GRIN Verlag

GRIN - Your knowledge has value

Der GRIN Verlag publiziert seit 1998 wissenschaftliche Arbeiten von Studenten, Hochschullehrern und anderen Akademikern als eBook und gedrucktes Buch. Die Verlagswebsite www.grin.com ist die ideale Plattform zur Veröffentlichung von Hausarbeiten, Abschlussarbeiten, wissenschaftlichen Aufsätzen, Dissertationen und Fachbüchern.

Besuchen Sie uns im Internet:

http://www.grin.com/

http://www.facebook.com/grincom

http://www.twitter.com/grin_com

Inhaltsverzeichnis:

1.Einleitung:

Als erster Bundeskanzler Deutschlands prägte Konrad Adenauer 14 Jahre lang den politischen Kurs der Bundesrepublik. Insbesondere Adenauers Außenpolitik, die sich durch Westanbindung, die Aussöhnung mit Frankreich und eine deutliche Distanz zum Ostblock kennzeichnete, war richtungsweisend bis zur heutigen Zeit. Durch die Stärkung der diplomatischen Beziehungen zu Großbritannien, Frankreich und den USA erreichte er, dass sich die Bundesrepublik binnen weniger Jahre als gleichwertiger Partner der Westmächte etablierte.

Neben vielen Befürwortern erfuhr Konrad Adenauers Außenpolitik jedoch auch massive Kritik von Seiten der SPD und der sozialdemokratischen Presse. Insbesondere die Redakteure des „Vorwärts", dem Partei-organ der SPD äußerten sich kritisch gegenüber Adenauers ostpolitischen Kurs.

Aufgrund der Tatsache, dass die Presse ein ausschlaggebender Faktor für die Meinungsbildung innerhalb der deutschen Bevölkerung war und ist, lohnt es sich die Berichterstattung des „Vorwärts" bezüglich Ade-nauers Außenpolitik eingehender zu untersuchen. Im Fokus steht in diesem Kontext die Frage danach, wie ein einflussreiches Presseorgan, wie der „Vorwärts", Konrad Adenauers Außenpolitik darstellt und bewer-tet.

Zu diesem Zweck wird zunächst ein biographischer Abriss des ersten deutschen Bundeskanzlers gegeben, aus dem auch die wichtigsten Stationen seiner politischen Laufbahn hervorgehen sollen. Darauf folgt dann ein Überblick über die wichtigsten außenpoltischen Entscheidungen, die während der Regierungs-zeit Adenauers getroffen wurden. Diese sind elementar wichtig für eine Auseinandersetzung mit der Be-richterstattung einer zeitgenössischen Zeitung.

Der Vorwärts ist eine 1876 als Zentralorgan der deutschen Sozialdemokratie gegründete Zeitung. Heute ist der Vorwärts Parteizeitung der SPD. Auch schon zur Regierungszeit Konrad Adenauers war sie ein wichtiges Presseorgan für die sozialdemokratisch denkende Bevölkerung. Oft gab die Zeitung Sichtweisen und Reden von SPD-Politikern wieder und beschäftigte sich mit aktuellen politischen Themen aus Sicht der SPD. Im untersuchten Zeitraum war die Zeitung noch das am meisten verbreitete Medium. Somit war es für die Meinungsbildung des Volkes ausschlaggebend.

Zwecks einer sinnvollen Analyse werden im Anschluss 2 wichtige Beschlüsse des Kabinetts Adenauer an-gesprochen, anhand derer exemplarisch die Reaktion des „Vorwärts" auf Adenauers Ostpolitik verdeut-licht werden soll. Zu diesen beiden Ereignissen – der Reaktion Adenauers auf die sogenannten „Stalin No-ten" und den Abschluss der Pariser Verträge – wird einleitend der historische Kontext erläutert, um an-schließend die hiermit verbundenen Zeitungsberichte zu analysieren. Im abschließenden Fazit soll dann die im Vorfeld formulierte Leitfrage beantwortet werden.

2.Personenkommentar zu Konrad Adenauer

Konrad Adenauer wurde am 5. Januar 1876 in Köln geboren[1]. Sein Vater Johann Conrad Adenauer war Sekretär am Appellationsgerichtshof und später wurde er als Kanzleirat pensioniert. Konrad Adenauer wurde als 3. Kind geboren, weshalb er keine finanzielle Unterstützung seitens des Vaters zum Studieren bekam. Seinen beiden älteren Brüder August (geb.1872) und Johannes (geb.1873) wurde das Studium vom Vater noch finanziert.[2] Jedoch erhielt er nach seinem Abitur 1894 ein Stipendium der Krämerstiftung und studierte Rechts- und Staatswissenschaft in Freiburg. Im Jahr 1897 legte er sein 1. Staatsexamen ab, ihm fehlte jedoch das Geld für eine anschließende Promotion. Adenauer kehrte nach Köln zurück um dort seine praktische Ausbildung zu absolvieren. Sein Assessorexamen absolvierte er   lediglich mit „ausrei-chend". Aufgrund dieses Ergebnisses konnte er sich bei der Kölner Staatsanwaltschaft nur um eine Vertre-tungsstelle bewerben.[3]

Eine Wahl zum Beigeordneten der Stadt Köln am 7. März 1906 eröffnete ihm einen ersten, richtungswei-senden Weg in die Politik. Hier spiegelte sich die Überzeugung wieder, mit der er in der Politik auch später agierte. Er bewarb sich mit den Worten: „Warum nehmen sie nicht mich? Ich meine, so gut wie andere kann ich den Postern auch ausfüllen!"[4] Am 1. Oktober 1909 wurde er sogar zum 1. Beigeordneten mit gerade mal 33 Jahren gewählt.[5]

Adenauers politische Weitsicht zeigte sich auch in seinen Handlungen während des 1. Weltkriegs. Als der Blitzkrieg an der Marne ohne Erfolg auszugehen schien, ließ Adenauer für die gesamte Stadt Köln Le-bensmittel und Tiere horten, um sie in einer schlechten Nachkriegszeit versorgen zu können.[6]

Seine politische Karriere ging weiter aufwärts. 1917 wurde er Oberbürgermeister von Köln und 1918 so-gar auf Lebenszeit in das preußische Herrenhaus, den Sitz der Reichsregierung, berufen, was aber wegen der Novemberrevolution ungültig wurde.

In der Zeit von 1920-1933 war er Präsident des preußischen Staatsrats. Auch in dieser Zeit wird deutlich, welchen politischen Weg Konrad Adenauer bevorzugte.

Sein Kampf um das Rheinland spiegelte sein politisches Streben wohl am besten wieder.[7]

In der darauffolgenden Zeit setzte das NS-Regime Adenauer als Oberbürgermeister Kölns ab, woraufhin er Zuflucht im Kloster Maria Laach suchte.[8] Dort verbrachte er ein Jahr und wohnte anschließend in einer

---

[1] Planitz, Ulrich-Frank: Konrad Adenauer. Eine Biographie in Bild und Wort, Bergisch Gladbach 1975, S.11.
[2] ebd. S.12f.
[3] ebd. S.26.
[4] Zit. nach: Planitz, a.a.O.,S.30.
[5] ebd. S.30.
[6] ebd. S.31f.
[7] ebd. S.45.
[8] ebd. S.85f.

Wohnung in Bonn, bis er Ende 1937 gemeinsam mit seiner Familie in sein neu gebautes Haus in Rhöndorf zog.

Im August 1944 wurde er vom NS-Regime aufgrund des Verdachts, ein Attentat auf Hitler geplant zu haben verhaftet. Jedoch lagen keine Beweise vor und er wurde noch im selben Jahr wieder freigelassen.[9] Am 4. Mai 1945 wurde er als Oberbürgermeister von Köln wieder eingesetzt, jedoch bekleidete er dieses Amt nur kurzzeitig und wurde am 21.Juni 1945 durch die britischen Besatzungstruppen abgesetzt, da er seine „Pflicht gegenüber der Bevölkerung Kölns nicht erfüllt" hatte.[10] Am 31. August trat der arbeitslose Konrad Adenauer in die rheinische CDU ein, von der er schon am 2. September zum Vorstand gewählt wurde. Schon vor Kriegsende ging Adenauer davon aus, dass die Koalition der Westmächte mit der Sowjetunion zerfallen würde. Somit war die Teilung Deutschlands für ihn vorprogrammiert. Darum bevorzugte er eine enge Bindung zum Westen und machte den Vorschlag, die drei besetzten Zonen eng miteinander zu verbinden, eine Einheit zu schaffen und sie wirtschaftlich eng mit Frankreich und Belgien zu verbinden, sodass die beiden Nachbarländer keine Angst vor einer Neuerstarkung Deutschlands bekämen.[11] Außerdem wollte Adenauer durch sein neues CDU-Parteiprogramm den Mittelstand fördern, indem er mehr Sozialgesetze verabschiedete und versuchte, die Arbeiterschaft zu entproletarisieren, also ihren Lebensstandard zu verbessern.

Am 22. und 23.Januar 1946 erlangte er den Vorstand im CDU-Zonenausschuss durch folgende Worte: „Ich bin 1876 geboren, also wohl der Älteste hier. Wenn niemand wiederspricht, darf ich mich als Alterspräsident betrachten."[12] Am 1. September 1948 wurde er Präsident des Parlamentarischen Rates.[13] Aufgrund der Besatzung Berlins durch die Sowjetunion und weiteren Drängens auf ein kommunistisches System in der Ostzone, sahen sich die Westmächte gezwungen ein zusammenhängendes Deutschland zu schaffen, welches durch verfassungsrechtliche Grundlagen gefestigt werden sollte. Diese Grundlagen sollte der Parlamentarische Rat festlegen.[14] Konrad Adenauer wurde von den Alliierten als Ansprechpartner akzeptiert, was ihm ermöglichte mit ihnen zu kooperieren und weiter seine politischen Gedanken durchzusetzen.[15] Am 8. Mai 1949 wurde das Grundgesetz verabschiedet, am 23. Mai dann verkündet. Es stellte eine Art Geburtsurkunde der Bundesrepublik Deutschland dar. Weiterhin wurde auf einer Konferenz zwischen der

---

[9] Zeittafel zu Konrad Adenauer, in: http://www.adenauerhaus.de/sah_2_9__print.html, letzter Zugriff am 17.02.2009.
[10] Zit. nach: Planitz, a.a.O., S.112.
[11] ebd.S.114.
[12] Zit. nach: Planitz, a.a.O.,S.115.
[13] Koch, Peter: Konrad Adenauer. Eine politische Biographie, Reinbek 1988, S.208.
[14] Planitz, a.a.O., S.116 f.
[15] Koch, a.a.O., S.210.

Sowjetunion und den Westmächten die Verkehrsverbindung zwischen Westen und Osten wiederhergestellt, sowie die sowjetische Blockade Berlins aufgehoben.[16]

Adenauers Wahl zum Bundeskanzler fand am 15. September 1949 statt. Durch zahlreiche Vorgespräche sicherte sich der CDU-Politiker den Rückhalt einiger Fürsprecher. Mit der Mehrheit einer einzigen Stimme, seiner eignen, wurde er schließlich zum Bundeskanzler gewählt.

Mit folgenden Worten begründete Adenauer die eigene Stimme: „Da ich entschlossen war, die Wahl anzunehmen, hätte ich es für eine Heuchelei gehalten, wenn ich mich nicht selbst gewählt hätte."[17]

Am 15. März 1951 setzte Adenauer sich selbst als Außenminister ein. Nun konnte er seine außenpolitischen Vorstellungen eigenmächtig durchsetzen.

Während seiner 14-jährigen Amtszeit als Bundeskanzler agierte Konrad Adenauer immer zielsicher. Er wollte eine Anbindung an Frankreich und die Westmächte herstellen und sich zugleich klar von der Sowjetunion distanzieren.

Darum lehnte er beispielsweise die Stalin-Noten ab, in denen der sowjetische Diktator eine Wiedervereinigung unter Voraussetzung der Neutralität Deutschlands anbot.[18]

Adenauer wurde insgesamt drei Mal als Bundeskanzler wiedergewählt (1953,1957 und 1961).[19] Seine letzten Jahre als Bundeskanzler waren nur noch ein Kampf darum, so lange wie möglich im Amt zu bleiben. Am 15.Oktober 1963 legte er das Amt des Bundeskanzlers schließlich nieder.[20]

Doch auch danach blieb er politisch aktiv und versuchte sich beispielsweise noch 1966 mit dem jüdischen Volk in Israel zu versöhnen. Dies war, neben der Aussöhnung mit Frankreich, ein weiteres Ziel seiner politischen Karriere.[21]

Am 12. April 1967 starb Konrad Adenauer im Alter von 91 Jahren in seinem Haus in Rhöndorf.[22]

---

[16] ebd. S.215 f.
[17] Koch, a.a.O., S.236 f.
[18] ebd., S.329 f.
[19] ebd., S.520, 522, 524.
[20] Planitz, a.a.O., S.190.
[21] ebd. S.200.
[22] ebd. S.201.

3.Ostpolitik Adenauers bis 1955

Wie im Personenkommentar bereits angeklungen, verfolgte Konrad Adenauer in Sachen Außen- und Ostpolitik einen klaren Kurs. Für ihn standen die Anbindung an den Westen, die Aussöhnung mit Frankreich und dem jüdischen Volk, sowie eine klare Distanz zum Ostblock im Vordergrund. Im Folgenden sollen die wichtigsten Stationen der adenauerschen Ostpolitik dargelegt und erläutert werden.

Für Konrad Adenauer bedeuteten die verschiedenen Lebensideale, die der Westen und der Osten verfolgten, gleichzeitig auch eine deutliche Distanz der Bundesrepublik zum Osten. Die Unterschiede zwischen den Westmächten und dem Ostblock formulierte er wie folgt: „In Sowjetrussland: Vermassung und Beherrschung der Massen, Rücksichtslose Ausbeutung durch eine kleine Oberschicht in der Form eines totalitären Staates, Sklaverei, Konzentrationslager, Verfolgung des Christentums. In den Vereinigten Staaten: Freiheit, Würde und Schutz der Einzelpersonen, Schutz auch der Person gegenüber einer Staatsallmacht."[23]

Jedoch schloss er nicht aus, dass die Sowjetunion mit den USA später kooperieren könnte. Eine Zielfrage, die ihn durch seine gesamte außenpolitische Karriere begleitete, war deshalb: „Was die eine Seite der anderen anbieten könne, um eine Verbesserung der beiderseitigen Beziehungen zu erreichen."[24]

Vorerst schloss er eine Zusammenarbeit der beiden Großmächte jedoch aus, da sie von der Ideologie und Machtpolitik grundlegend verschiede Prinzipien verfolgten. Weiterhin war Konrad Adenauer der Meinung, dass sich eine Vereinigung nur dann vereinbaren ließe, wenn auch in der gesamten Sowjetunion ein demokratisches System herrschte.[25]

Aufgrund dieser Sichtweise Konrad Adenauers ist es wichtig, im Rahmen dieser Arbeit auch seine Westpolitik bzw. sein außenpolitisches Handeln im Allgemeinen zu untersuchen, um deutlich zu machen, mit welchen Mitteln er die Distanzierung von der Sowjetunion durchsetzen wollte. Deshalb ist es meiner Einschätzung nach schwer, die Westpolitik sowie die gesamte Außenpolitik Adenauers von der Ostpolitik abzugrenzen, da diese einander in gewisser Weise bedingten.

Der Ministerpräsident der DDR, Otto Grotewohl, versuchte schon im Jahr 1950 eine Einheit mit der Bundesrepublik zu schaffen, jedoch wurden diese Äußerungen vorerst als Propagandakationen zur Störung der Westintegration verstanden. Die USA wollte keine deutschen Kontakte zum Osten, da sie diese Kontakte für zu gefährlich hielten.[26] US-Hochkommissar John McCloy und Konrad Adenauer waren sich darüber

---

[23] Zit. nach: Rede am 20.10.1950. Hans-Peter Schwarz (Hg.):Konrad Adenauer. Reden 1917-1967. Eine Auswahl, Stuttgart 1975, S.184.
[24] Zit. nach: Altmann, Normen: Konrad Adenauer im Kalten Krieg: Wahrnehmung und Politik 1945-1956, Mannheim 1993 S.44.
[25] Altmann, a.a.O., S.45f.
[26] Koch, Peter: Konrad Adenauer. Eine politische Biographie, Reinbek 1988, S.329 f.

einig, dass im gesamten Deutschland freies Wahlrecht herrschen sollte. Mit diesem Argument erhofften sie sich einen Rückzug der Sowjetunion, um die bevorstehenden Verträge ohne jegliche Beeinflussung der Sowjetunion beendigen zu können.

Konrad Adenauer persönlich befürchtete durch eine solche Einheit aber auch die erneute Entstehung eines Vier-Mächte-Regimes, das Deutschland die Souveränität und Wiederbewaffnung verwehrte. So gab er dazu bekannt: „Die Bundesrepublik werde auch dann nicht aufgeben, wenn die Sowjets freie Wahlen in Gesamtdeutschland zugestehen sollten."[27]

Trotz dieser Absage hielt Grotewohl an seinem Vorschlag fest und wollte auf alle Forderungen und Verschärfungen zugunsten der Einheitsbildung eingehen. Adenauer ging auf dieses Angebot jedoch nicht ein, denn für ihn war es erst einmal wichtig, die Deutschlandverträge abzuschließen, die die Souveränität Deutschlands wiederherstellen sollten. Er versuchte deshalb durch weitere Verschärfungen die Sowjetunion in ihrem Streben nach der Einheitsbildung abzubringen. Er wollte, dass die NATO überprüft, ob in der DDR bzw. der Sowjetunion ein demokratisches Verhältnis herrschte. Nur dann sei für ihn ein zusammenhängendes Deutschland möglich.[28] Die Sowjetunion lehnte eine solche Überprüfung vorerst jedoch ab.

Am 10. März 1952 überreichte die Sowjetunion den drei Siegermächten die sogenannte „Stalin-Note". Dieses Schreiben beinhaltete einen Friedensvertrag mit einem wiedervereinten Deutschland und viele Leitsätze.[29] Einerseits wäre Deutschland wieder ein eigener demokratischer Staat geworden, ohne jegliche Besatzungsmächte und mit der Wiederstärkung des Militärs.

Andererseits dürfte Deutschland aber keine Militärbündnisse eingehen, die sich gegen irgendeinen Staat richteten, der am Krieg gegen Deutschland teilgenommen hatte.

Die Stalin-Note sorgte sowohl in Deutschland wie auch bei den Westmächten für Verwirrung, da man noch nicht mit einer Wiedervereinigung gerechnet hatte und dadurch eine Ostanbindung der Bundesrepublik anstatt der geplanten Westintegration befürchtete.[30]

England sah in dieser Note den ersten Wunsch Moskaus nach Wiedervereinigung, Deutschland wollte jedoch keineswegs eine Einheit und schon gar keine Armee, da man dadurch wieder in Streit mit Frankreich geraten würde.[31] Adenauer sagte hierzu: „Wenn wir jetzt auf Sondierungen drängen, sitzen wir zum Schluß zwischen allen Stühlen."[32]

---

[27] Zit. nach: Koch, a.a.O., S.331.
[28] ebd.,S.332f.
[29] ebd., S.334.
[30] ebd., S.335.
[31] ebd., S.336.
[32] Zit. nach: Koch, a.a.O.,S.337.

Am 16. März 1952 rief Adenauer ein unbedeutendes Parteigremium zusammen, um über die Note abzustimmen. Ihm war bewusst, dass er im Parlament nur auf Gegenstimmen gestoßen wäre.[33] Ihm gelang es jedoch, auch die kritischen Stimmen im Parlament zu besänftigen, indem er sie auf die Deutschlandverträge hinwies.

Am 25. März wurde die westliche Antwortnote übergeben, in der man forderte, dass Deutschland Bündnisse eingehen dürfe und eine UNO-Untersuchungskommission eingeleitet werde. Moskau reagierte wiederum mit einer Zustimmung zu demokratischen Wahlen, die anderen Forderungen wurden jedoch nicht aufgegriffen. Im Frühsommer 1952 wurde der Dialog ohne Ergebnis beendet.[34]

Während der Verhandlungen über die Sowjetnote wurde Konrad Adenauer besonders von den Sozialdemokraten heftig kritisiert. Kurt Schumacher, der Parteivorsitzende der SPD, schrieb in einem Brief an Adenauer „daß nichts unversucht bleiben darf, festzustellen, ob die Sowjet-Note eine Möglichkeit bietet, die Wiedervereinigung Deutschlands in Freiheit durchzuführen."[35]

Derweil trieb Adenauer die Westintegration der Bundesrepublik weiter voran, die zugleich auch eine Distanzierung zum Osten bedeutete. Zunächst sollte das Vertrauen zu Deutschland wieder gestärkt, die Deutschlandverträge abgeschlossen und eine Freundschaft mit Frankreich hergestellt werden, was eines der wichtigsten außenpolitischen Ziele Konrad Adenauers darstellte.

Der Nordatlantikpakt im Jahre 1954 spielte hierbei eine wichtige Rolle. Die westlichen Mächte wollten eine Europa-Armee ins Leben rufen, Frankreich hingegen fürchtete durch diese Armee eine Neustärkung deutscher Truppen. Auf einer Konferenz in London, in der sich acht westliche Außenminister trafen, bot Konrad Adenauer dem derzeitigen französischen Ministerpräsidenten Mendès-Frances eine Bereinigung des deutsch-französischen Verhältnisses an. Dieses Angebot begünstigte die deutsche Situation für die Verbindung mit dem gesamten Westen.

Die Pariser Verträge vom 5. Mai 1955 machten Deutschland wieder zu einem souveränen Staat[36] und erlaubten der Bundesrepublik somit auch, am 9. Mai 1955 dem Nordatlantikpakt (NATO) beizutreten[37], wodurch man von den Westmächten wieder als gleichwertiger Partner anerkannt wurde.[38]

Im Juni 1955 erhielt Konrad Adenauer das Angebot nach Moskau zu reisen um dort ein Gespräch mit den sowjetischen Machthabern zu führen. Er stimmte zu, obwohl er wusste, dass es wieder um die Wieder-

---

[33] ebd., S.337.
[34] ebd., S.339.

[35] Zit. nach: Koch, a.a.O., S.339.
[36] ebd.,S.521.
[37] Planitz, Ulrich-Frank: Konrad Adenauer. Eine Biographie in Bild und Wort, Bergisch Gladbach 1975, S.151.
[38] Planitz, a.a.O., S. 149f.

vereinigung Deutschlands gehen würde.[39] Adenauer wurde angeboten, Deutschland wiederzuvereinigen, jedoch sollte Deutschland im Gegenzug wieder aus der NATO austreten. Er lehnte jegliche Angebote jedoch ab. Am Ende seines Aufenthalts erreichte er, dass alle Kriegsgefangenen aus Moskau zurück nach Deutschland gebracht wurden. Im Gegenzug versprach er diplomatische Beziehungen mit Moskau einzugehen. Am 14. September reiste Adenauer zurück nach Deutschland. Dort beschloss er im Bundestag die sogenannte „Hallstein-Doktrin".[40]

Sie besagte, dass alle diplomatischen Beziehungen zwischen anderen Staaten und der DDR als unfreundlicher Akt gegenüber der Bundesrepublik angesehen wurden.[41]

Das außenpolitische Handeln Deutschlands, insbesondere die Hallstein-Doktrin und die Ablehnung der Stalin-Noten, verdeutlicht das Bestreben, sich vom Ostblock zu distanzieren und sich gleichzeitig eng an die Westmächte zu binden. Die Sowjetunion wurde als Kooperationspartner ausgeschlossen. Somit rückte auch die Wiedervereinigung Deutschlands weiter in die Ferne.

---

[39] ebd., S.154f.
[40] Kosthorst, Daniel: Brentano und die deutsche Einheit, Die Deutschland und Ostpolitik des Außenministers im Kabinett Adenauer 1955-1961, Düsseldorf 1993, S.88f.
[41] Planitz, a.a.O., S.159.

4.Die Stalin-Noten aus Sicht des „Vorwärts"

Nachdem nun die Person Konrad Adenauers und seine außenpolitische Vorgehensweise untersucht wurden, wird im Folgenden die Leitfrage beantwortet: Wie stellt das einflussreiche SPD-Presseorgan „Vorwärts" Konrad Adenauers Ostpolitik dar und wie bewertet es sie? Um die Leitfrage beantworten zu können ist es wichtig, sich ausschlaggebende Entscheidungen Konrad Adenauers herauszusuchen und zu analysieren, welche Position hierzu in den Artikeln des „Vorwärts" bezogen wird. Zunächst soll hierbei auf das
Angebot der Sowjetunion zur Wiedervereinigung eingegangen werden, das in den „Stalin-Noten" manife-
stiert wurde.

Es wird deutlich, dass der „Vorwärts" anfangs recht wertfrei schreibt, später aber auch verstärkt aus Sicht
des SPD Politikers Erich Ollenhauer, dem damaligen Parteivorsitzenden der SPD. Insgesamt liegen fünf
Artikel zur Stalin-Note vor, die meist kurz nach den eingehenden Angeboten der Sowjetunion bzw. nach
Antworten der Westmächte publiziert wurden.

Die Ausgabe des „neuen Vorwärts" vom 14.März 1952 beschreibt zunächst die Position der eingegange-
nen Moskauer Deutschland-Note und macht dann deutlich, wie die Westmächte und besonders auch
Deutschland – aus Sicht des Vorwärts – auf dieses Angebot eingehen sollten. Es sei wichtig, kein frühzeiti-
ges und oberflächliches Urteil abzugeben, so die Argumentation. Die Reaktion Adenauers, für den „die
Note [...] nichts Neues" sei, ist für den Redakteur eine „bedauerliche Reaktion."[42] Bliebe die Note unge-
prüft, provoziere man somit den Verdacht auf einen „Verteidigungsbeitrag" und die Bundesrepublik würde dann dem Osten die Einheit Deutschlands als „offensive Propagandaparole überlassen."[43] Vielmehr sei
es Pflicht der Bundesrepublik und der Westmächte zu prüfen, ob freie Wahlen unter internationaler Kon-
trolle in den vier Besatzungszonen verwirklicht werden könnten. Hierfür sei eine „deutsche Regierung auf
demokratischer Grundlage" vorausgesetzt.[44] Schon bei der ersten Berichterstattung über die Stalin-Note
wird hier die Position des Parteiorgans der SPD deutlich.

Der „neue Vorwärts" spricht sich ganz klar für eine Wiedervereinigung Deutschlands aus, falls ein freies
Wahlrecht gewährleistet werden kann.

Am 28.März 1952 erscheint im „neuen Vorwärts" ein weiterer Artikel zur Stalin-Note, der den Titel „Unmögliche Kompromisse, Ollenhauer zur Außenpolitik des Bundeskanzlers" trägt.[45] Konrad Adenauer sehe
in der Einbindung Westdeutschlands in das westliche System die einzige Möglichkeit, um Spannungen zu
lösen. Ollenhauer habe hierzu auf einem SPD-Bezirksparteitag Stellung bezogen. Für ihn seien Konrad

---

[42] Neuer Vorwärts, Nummer 11(5.Jahrgang), 14.März 1962, „Zur Moskauer Deutschland-Note", S.1.
[43] Neuer Vorwärts, a.a.O., S.1.
[44] ebd., S.1.
[45] Neuer Vorwärts, Nummer 13 (5.Jahrgang), 28.März 1952, „Unmögliche Kompromisse". S.1.

Adenauers Annahmen falsch. Er unterstelle Konrad Adenauer, dass er den Eisernen Vorhang als unabänderliche Tatsache hinnehme und sich somit am „obersten nationalpolitischen Interesse versündigen" würde. Er beschreibe die CDU ironisch als „bessere Partei", womit schon die klare Kritik am Handeln Adenauers deutlich wird. Für Ollenhauer sei es wichtig zu verhindern, dass in der Öffentlichkeit der Eindruck entstünde, „der Sowjetunion läge mehr an der Wiederherstellung der deutschen Einheit als dem Westen."[46]

Ein weiterer Bericht vom gleichen Datum, der mit den Worten „Zur Antwortnote der Westmächte"[47] überschrieben ist, verdeutlicht noch einmal die eindeutige Position des SPD-Vorsitzenden. Für ihn sei es wichtig, „Deutschland nicht so weitgehend festzulegen, daß die Entscheidungsfreiheit der Deutschen von vornherein weitgehend aufgehoben wird."[48] Die Westmächte würden Deutschland und somit auch die Lösungsoptionen für die Gesamtsituation weiter einschränken. Eine „Eingliederung eines geeinten Deutschlands in die westeuropäische Wirtschafts- und Verteidigungsorganisation von den Westmächten als eine Voraussetzung für ihre Zustimmung zu einer Wiederherstellung der deutschen Einheit" zu sehen, sei für Ollenhauer eine Schwächung der Deutschen und der europäischen Demokratie und die „Schaffung eines freiheitlichen und demokratischen Deutschlands im Herzen Europas."[49] Er ziehe für Deutschland weiterhin die Frage nach einem sinnvollen Angebot zur Wiedervereinigung „auf demokratischer Grundlage" vor.

Im Gegensatz zum ersten Zeitungsbericht wird hier deutlich, dass die SPD bzw. der „neue Vorwärts" sich deutlich vom Handeln Adenauers distanzieren. Eine gemeinsame Meinung über die Wiedervereinigung liegt nicht vor, vielmehr unterstellt Ollenhauer Adenauer, er sehe den Eisernen Vorhang als unabänderliche Tatsache an – und somit würde er sich am obersten nationalpolitischen Interesse „versündigen." Somit ist festzuhalten, dass schon zwei Wochen später ein weitaus kritischerer Blick auf den politischen Weg Konrad Adenauers geworfen wird.

Am 2. Mai 1952 spitzt sich diese Kritik weiter zu. Mit zwei Artikeln über einen „Fehltritt" Konrad Adenauers sei für die SPD „eine gemeinsame Aussprache über eine gemeinsame Haltung in der Frage der deutschen Einheit unmöglich"[50] gemacht worden. Adenauer habe, trotz seines eigenen Anliegens, keine Vorschläge über die Wiedervereinigung im eigenen Land preiszugeben, ein Interview mit dem NWDR geführt, obwohl er Kurt Schumacher verboten habe einen Brief zu veröffentlichen, indem er selbst Stellung zu der Situation bezogen hatte. Viel schlimmer sei aber, dass Adenauer in dem Interview fast ausschließlich über

---

[46] Neuer Vorwärts, a.a.O., S.1.
[47] Neuer Vorwärts, Nummer 13 (5.Jahrgang), 28.März 1952, „Zur Antwortnote der Westmächte", S.1.
[48] Neuer Vorwärts, a.a.O., S.1.
[49] ebd., S.1.
[50] Neuer Vorwärts, Nummer 18 (5.Jahrgang), 2. Mai 1952, „Schicksalsfrage für den Frieden, Der Brief Kurt Schumachers und das „Interview" Adenauers", S. 1,2.

eine Westintegration gesprochen habe. Für Ollenhauer müsse aber erst einmal ein schnelles Resultat bei den Verhandlungen mit der Sowjetunion folgen, denn die Unterzeichnung eines General- und Verteidigungsvertrags mit den Westmächten spreche für eine „Brüskierung der Sowjetangebote."[51] Der Generalvertrag war ein Vertrag mit den Westmächten, ein „Quasi-Friedensvertrag, wie man ihn nur einem total geschlagenen Gegner auferlegen kann."[52] Mit diesem Vertrag wollte Konrad Adenauer das wirtschaftliche Chaos und die Arbeitslosigkeit beseitigen und damit den Grundstein für ein funktionierendes Deutschland legen. Jedoch waren in diesem Vertrag auch zahlreiche Vorbehaltsrechte der Alliierten vorhanden und eine Notstandsverordnung, die die Alliierten aufgrund von Unruhen in Deutschland ins Leben rufen dürften. Deutschland bekam hingegen die Verteidigung ihres Landes zugesprochen, falls beispielsweise ein Angriff der Sowjetunion drohte.[53] Der Generalvertrag und gleichzeitig Verteidigungsvertrag wurden auch als Westverträge bezeichnet.

Im letzten Absatz schreibt die Zeitung dann, aus der Sicht Ollenhauers: „Er wies darauf hin, daß der Bundeskanzler eine Aussprache mit SPD-Vertretern über eine gemeinsame Haltung in der Frage der deutschen Einheit durch sein Verhalten unmöglich gemacht habe." Hierdurch wird die Zuspitzung des Konflikts noch einmal verdeutlicht.

Im zweiten Artikel, der die Überschrift „Das „Zuvorkommen" des Bundeskanzlers" trägt, wird der Zweifel der SPD an Konrad Adenauers politischem Ziel wiedergespiegelt. Vielmehr sei es eine „Verteidigung" des Bundeskanzlers, wenn er sich über die „deutsche Einheit äußert."[54] Es würden nur Gründe für die Ablehnung der Note gesucht und mit allen Mitteln eine erfolgreiche Fortführung der internationalen Diskussion verhindert. Für die SPD sei Konrad Adenauers eigentliches Ziel nur noch „die schnellste Eingliederung Westdeutschlands in die jetzt bestehende westliche Machtkonstellation."[55] Somit dränge sich die Frage auf: „Wie will man die deutsche Forderung in Bezug auf die Ostgrenze durchsetzen, wenn man sich im Westen mit kalten Annexionen abfindet?"[56]

Diese fünf Artikel zeigen die zunehmende Kritik des Vorwärts an der Westintegration und an der Ablehnung der Sowjetnote. Eine politische Opposition wie die SPD hatte zudem starken Einfluss auf das gesamte Volk – und besonders das SPD-Presseorgan, der „neue Vorwärts", trug dazu bei, dass sich die gesamte sozialdemokratische Partei schnell gegen Konrad Adenauers Außenpolitik, besonders aber seine Ostpolitik stellte.

---

[51] Neuer Vorwärts, a.a.O., S.1.
[52] Zit. nach: Koch, Peter: Konrad Adenauer. Eine politische Biographie, Reinbek 1988, S.274.
[53] Koch, a.a.O., S. 273ff.
[54] Neuer Vorwärts, , Nummer 18 (5.Jahrgang), 2. Mai 1952, „Das „Zuvorkommen" des Bundeskanzlers, S.1 und 2.
[55] Neuer Vorwärts, a.a.O., S.2.
[56] ebd., S.2.

Ein Artikel, der am 30. Mai 1952, also kurz nach Abschluss des Generalvertrags und des Verteidigungsvertrags, veröffentlich wurde, weist noch einmal stark darauf hin, dass die SPD eine Bindung an den Westen verabscheut und auf „Neuwahlen zum Bundestag" drängt.[57] Das vorrangige Ziel Adenauers, nämlich Deutschland zu einem souveränen Staat zu machen, indem er von „der deutschen „Gleichberechtigung" und dem Ende des Besatzungsrechtes" spreche, sei durch Vorbehalte der Westmächte schon „Lügen gestraft"[58] worden.

Ein „Ausnahmezustand" den die Westmächte einberufen dürften, habe darüber hinaus einen Charakter, den kein Deutscher unterstützen dürfe. Nach eigenem Ermessen hätten die „Westmächte das Recht, [...] schon im Falle eines nach ihrer Meinung drohenden Angriffs oder einer ihrer Ansicht drohenden Stärkung der öffentlichen Sicherheit und Ordnung über die ganze Bundesrepublik den Ausnahmezustand zu verhängen."[59] Auch hier wird nun verstärkt die Distanz zum Bundeskanzler deutlich. Der Vorwärts fordert Neuwahlen des Bundestages und akzeptiert die Politik Adenauers nicht mehr.

Im Laufe der drei Monate, in denen Konrad Adenauer immer mehr versuchte, ein Resultat für die Wiedervereinigung aufzuschieben, erkennt man eine deutliche Entwicklung des „neuen Vorwärts". Anfangs wird beinahe wertfrei berichtet, und wenig Kritik an den Stellungnahmen und Entscheidungen des Bundeskanzlers geäußert. Ausschlaggebend für den plötzlichen Wechsel der Sichtweise war jedoch sicherlich das Interview, mit dem Konrad Adenauer die SPD in gewisser Weise hintergangen hat. Von diesem Zeitpunkt an grenzte sich der Vorwärts ganz klar vom damaligen Bundeskanzler ab und wollte schon zur 2. Bundestagswahl einen anderen Bundeskanzler wählen. Besonders deutlich wird auch der eindeutige politische Kurs der SPD: die Wiedervereinigung als erstes und wichtigstes politisches Ziel. Wer von diesem Weg abdriftete wurde von der SPD – und somit auch ihrem Parteiorgan – nicht mehr als Verhandlungspartner angesehen. So auch der Bundeskanzler, der die Einwände der SPD nicht ernst nahm und versuchte seine eigenen Vorstellungen, besonders die Westintegration durchzusetzen.

---

[57] Neuer Vorwärts, Nummer 22(5.Jahrgang), 30.Mai 1952 „NICHT RATIFIZIEREN!", S.1.
[58] Neuer Vorwärts, a.a.O., S.1.
[59] ebd., S.1.

5. Die Pariser Verträge aus Sicht des „Vorwärts"

Ein weiteres, wichtiges Ereignis in der Regierungszeit Konrad Adenauers ist der Abschluss bzw. die Verhandlungen um die sogenannten Pariser Verträge. Hierzu liegen drei weitere Artikel des „neuen Vorwärts" und einer des „Vorwärts" vor. Warum die Namensänderung im Jahre 1955 vollzogen wurde, ist nicht bekannt. Besonders zu beachten ist hierbei, dass kurz vor Abschluss der Pariser Verträge eine weitere Sowjet-Note einging, in der erklärt wurde: „Im Falle der Verwirklichung dieser Beschlüsse wird es nicht mehr möglich sein, Westdeutschland als einen friedlichen Staat anzusehen, und damit wäre für lange Zeit die Wiederherstellung der Einheit Deutschlands unmöglich."[60] Im Gegensatz dazu erklärte der Westen – laut Berichten des Vorwärts – „eine Viererkonferenz käme erst nach der Ratifizierung der Pariser Verträge in Frage."[61]

Der „neue Vorwärts" bemängelt, dass dieses Vorgehen der beiden Großmächte, nämlich die Politik „der gegenseitigen Beschuldigung", den Verhandlungen „keinen Schritt näher" käme. Für die SPD sei für die „Wiederherstellung der Einheit Deutschlands die Abhaltung gesamtdeutscher freier Wahlen nötig."[62] Weiterhin bekräftige Ollenhauer, dass „der Bundeskanzler in Paris durch seine Unterschrift Verpflichtungen eingegangen ist, die schwerste Belastungen für die Bundesrepublik mit sich bringen."[63] Statt der Wiedervereinigung Deutschlands näher zu kommen, sei der Bundeskanzler mit dem „Pariser Abkommen wieder auf die für eine solche Wiedervereinigungspolitik untauglichen und hinderlichen Formeln des alten Bonner Generalvertrags zurückgefallen."[64]

In diesen beiden Zeitungsartikeln zeigt sich besonders, dass Konrad Adenauer auch drei Jahre nach der ersten Stalin-Note keine Wiedervereinigung anstrebt, sondern diese sogar durch Beschlüsse und Verträge mit dem Westen hinauszögert.

Die SPD bzw. der „neue Vorwärts" nimmt hierzu kritisch Stellung und ist enttäuscht über die erneute alleinige Entscheidung des Bundeskanzlers ohne Mitsprache der Opposition.[65]

In einer weiteren Ausgabe des „neuen Vorwärts" wird erneut die Stellungnahme des SPD-Vorsitzenden zu den Pariser Abkommen abgedruckt: „Wenn die Pariser Verträge ratifiziert werden", so Ollenhauer, „sind wir auf dem Wege zu einer Entwicklung der Bundesrepublik als einem für sich bestehenden Staatsgebil-

---

[60] Neuer Vorwärts, Nummer 43(7.Jahrgang), Hannover, 29.Oktober 1954, „Freie Wahlen und Sicherheit", S.1.
[61] Neuer Vorwärts, a.a.O., S.1.
[62] ebd., S.1.
[63] Neuer Vorwärts, Nummer 43(7.Jahrgang), Hannover, 29.Oktober 1953, „Deutsche Position verschlechtert, Ollenhauer zu den Pariser Beschlüssen", S.2.
[64] Neuer Vorwärts, a.a.O.,S.2.
[65] ebd., S.2.

de."[66] Ollenhauer wende sich „scharf gegen Äußerungen Adenauers, aus denen die Absicht hervorzugehen scheine, unter Umständen einen separaten Friedensvertrag nur mit den Westmächten abzuschließen."[67] Für ihn sehe Adenauer die „Spaltung Deutschlands als eine Realität für lange Zeit" an. Weiterhin sei der Eintritt in die NATO von Adenauer in Erwägung gezogen worden; ein „Militärbündnis, das die Sowjetunion als gegen sich gerichtet betrachtete."

Ollenhauer schließe daraus, dass der letzten Sowjetnote „nicht die nötige Beachtung und Wiedergabe" beigemessen wurde. Adenauer handle nach dem Motto: „[E]rst solle sich der Westen einigen und dann mit dem Ostblock verhandeln." Dies sei für die Sowjetunion aber ein Grund, um Verhandlungen mit den Westmächten aus einer anderen Sicht zu führen, nämlich „auf der Grundlage des Status quo eines geteilten Deutschlands."[68] Im letzten Abschnitt wird Ollenhauers Ansicht zitiert, dass „das gesamte Pariser Vertragswerk [...] unvereinbar mit der Wiedervereinigungspolitik und deshalb [...] unannehmbar"[69] sei.

Aufgrund dieser Sichtweise Ollenhauers ist es nicht verwunderlich, dass im „Vorwärts" vom 6.Mai 1955, kurz nach Abschluss der Pariser Verträge, folgender Artikel zu lesen war: „Souveränitätsverleihung" – kein Anlaß zu Feier". Der Kanzler ginge „seinen Weg unbeirrbar", heißt es darin unter anderem. Er nutze seine „parlamentarische Mehrheit aus" und lasse die „Opposition unbeachtet."[70]

Auch nach Abschluss der Verträge sei die Souveränität noch schwer belastet, etwa durch den „Vorbehalt mit dem Notstandsrecht" und „die Sonderstellung Berlins". Am Ende wird eine Art Aufruf gegen Adenauers Politik gemacht: „Er wird die Opposition von heute in der vordersten Linie finden."[71]

Somit ist festzuhalten, dass die Parteizeitung der SPD Konrad Adenauers Politik regelrecht anprangert. Wie auch schon aus Artikeln der vorangegangenen Jahre hervorgeht, ist das wichtigste politische Ziel der SPD die Wiedervereinigung Deutschlands. Indem Konrad Adenauer jedoch immer wieder Verträge mit den Westmächten abschließt, wird dieses Ziel, aus Sicht der SPD, unerreichbar. Deshalb bewertet der „Vorwärts" Konrad Adenauer in gewisser Weise als einen Mann des Westens, der nicht das Beste für Deutschland wolle. Die Pariser Verträge waren damit aus Sicht des Vorwärts wiederum nur eine Möglichkeit für den Bundeskanzler, um Deutschland weiter vom Osten zu trennen, eine stärkere Bindung an den Westen zu schaffen und Westdeutschland quasi als eigenen Staat zu etablieren. Die SPD-Presse wird somit ein starker Gegner Konrad Adenauers, denn besonders der „Vorwärts" hatte eine große Auflage und beeinflusste die Meinungsbildung des Volkes.

---

[66] Neuer Vorwärts, Nummer 44(7.Jahrgang), Hannover 5.November 1954, „Gefährliche Verhärtung der Spaltung, SPD-Vorstand zu den Pariser Abmachungen", S.1.
[67] Neuer Vorwärts, a.a.O., S.1.

[68] Neuer Vorwärts, a.a.O.,S.1.
[69] Neuer Vorwärts, a.a.O.,S.2.
[70] Vorwärts, Nummer 18(8.Jahrgang), Köln, 6.Mai 1955, „ „Souveränitätsverleihung" – kein Anlaß zur Feier", S.1.
[71] Vorwärts, a.a.O., S.1.

6.Fazit

Nach eingehender Untersuchung der Zeitungsberichte auf Grundlage des Wissens über Konrad Adenauer und seine Ostpolitik ist nun festzuhalten, dass das Presseorgan der SPD, der „Vorwärts", starke Kritik am Handeln des Bundeskanzlers übte. Die Leitfrage – Wie stellt das einflussreiches SPD-Presseorgan „Vorwärts" Konrad Adenauers Ostpolitik dar und wie bewertet es sie? – kann nun weitgehend beantwortet werden. Anfangs versuchte die Zeitung Konrad Adenauers Ostpolitik recht wertfrei zu betrachten, auch hier wurden aber schon klare Einflüsse von SPD-Politikern deutlich. Vor allem auf den SPD-Vorsitzende Erich Ollenhauer wird oft Bezug genommen. Konrad Adenauers Ostpolitik wird im weiteren Verlauf als nicht tragbar dargestellt. Oftmals wird die Wiedervereinigung als höchstes politisches Ziel angesprochen, welches Konrad Adenauer aber nicht zu verwirklichen versuche. Vielmehr sei es für ihn wichtig, die Bindung mit dem Westen durchzusetzen.

Schon aus dem vorangestellten Personenkommentar und der Zusammenfassung von Adenauers Ostpolitik wird aber deutlich, dass Konrad Adenauer keine Wiedervereinigung mit einem Deutschland wollte, das aus seiner Sicht falsche Leitziele verfolge. Eine Anbindung an den Westen, der für Konrad Adenauer das einzig richtige Menschen- und Gesellschaftsbild verfolgte, war für ihn deshalb die einzige Möglichkeit um zumindest Westdeutschland zur Souveränität zu verhelfen.

Zusammenfassend sind also die Sichtweisen der SPD-Politiker und jene Konrad Adenauers fast gegensätzlich. Besonders durch die Verträge, die Konrad Adenauer mit dem Westen, schloss reizte er die SPD so weit, dass diese sogar Neuwahlen forderte. Eine Annäherung oder sogar das Formulieren gemeinsamer politischer Ziele war für beide Parteien nicht möglich. Auf die Frage, wie ein einflussreiches Presseorgan wie der „Vorwärts" Konrad Adenauers Ostpolitik darstellt und bewertet, muss deshalb geantwortet werden, dass das Pressorgan der SPD sich ganz klar von Konrad Adenauer abgrenzt und versucht, die Außenpolitikvorstellungen der SPD als besseren Lösungsansatz der politischen Spannungen zu propagieren. Ohne Wiedervereinigung sehen SPD und „Vorwärts" keinen Weg für Deutschland, um ein souveräner funktionierender Staat zu werden.

Ob das Presseorgan „Vorwärts" Konrad Adenauer jedoch in seinem Handeln eingeschränkt hat, kann an dieser Stelle nicht beantwortet werden. Die Tatsache, dass Konrad Adenauer trotz der negativen Berichterstattung im Vorwärts dreimal als Bundeskanzler wiedergewählt wurde, verdeutlicht, dass die harsche Kritik bei einem großen Teil der Bevölkerung keinen Anklang fand. Darüber hinaus muss darauf verwiesen werden, dass der Vorwärts als SPD-Parteizeitung natürlich in erster Linie von Menschen gelesen wurde, die ohnehin bereits Fürsprecher der Sozialdemokratie waren. Ein Umstimmungspotential andersdenkender oder unschlüssiger Wähler kann dem Vorwärts daher kaum zugesprochen werden. Für die Sozialdemokratische Partei Deutschlands war eine gemeinsame Politik mit Konrad Adenauer aufgrund dessen Politik nicht mehr möglich.

7.Literaturverzeichnis

Altmann, Normen: Konrad Adenauer im Kalten Krieg: Wahrnehmung und Politik 1945-1956, Mannheim 1993.

Hans-Peter Schwarz (Hg.):Konrad Adenauer. Reden 1917-1967. Eine Auswahl, Stuttgart 1975.

Koch, Peter: Konrad Adenauer. Eine politische Biographie, Reinbek 1988.

Kosthorst, Daniel: Brentano und die deutsche Einheit, Die Deutschland und Ostpolitik des Außenministers im Kabinett Adenauer 1955-1961, Düsseldorf 1993.

Planitz, Ulrich-Frank: Konrad Adenauer. Eine Biographie in Bild und Wort, Bergisch Gladbach 1975.

8.Quellenverzeichnis

Neuer Vorwärts, Nummer 11(5.Jahrgang), 14.März 1962, „Zur Moskauer Deutschland-Note".

Neuer Vorwärts, Nummer 13 (5.Jahrgang), 28.März 1952, „Unmögliche Kompromisse".

Neuer Vorwärts, Nummer 13 (5.Jahrgang), 28.März 1952, „Zur Antwortnote der Westmächte".

Neuer Vorwärts, Nummer 18 (5.Jahrgang), 2. Mai 1952, „Schicksalsfrage für den Frieden, Der Brief Kurt Schumachers und das „Interview" Adenauers".

Neuer Vorwärts, , Nummer 18 (5.Jahrgang), 2. Mai 1952, „Das „Zuvorkommen" des Bundeskanzlers".

Neuer Vorwärts, Nummer 22(5.Jahrgang), 30.Mai 1952 „NICHT RATIFIZIEREN!"

Neuer Vorwärts, Nummer 43(7.Jahrgang), Hannover, 29.Oktober 1954, „Freie Wahlen und Sicherheit".

Neuer Vorwärts, Nummer 43(7.Jahrgang), Hannover, 29.Oktober 1953, „Deutsche Position verschlechtert, Ollenhauer zu den Pariser Beschlüssen".

Neuer Vorwärts, Nummer 44(7.Jahrgang), Hannover 5.November 1954, „Gefährliche Verhärtung der Spaltung, SPD-Vorstand zu den Pariser Abmachungen".

Vorwärts, Nummer 18(8.Jahrgang), Köln, 6.Mai 1955, „ „Souveränitätsverleihung" – kein Anlaß zur Feier".

Zeittafel zu Konrad Adenauer, in: http://www.adenauerhaus.de/sah_2_9__print.html, letzter Zugriff am 17.02.2009.

BEI GRIN MACHT SICH IHR
WISSEN BEZAHLT

- Wir veröffentlichen Ihre Hausarbeit,
  Bachelor- und Masterarbeit

- Ihr eigenes eBook und Buch -
  weltweit in allen wichtigen Shops

- Verdienen Sie an jedem Verkauf

**Jetzt bei www.GRIN.com hochladen
und kostenlos publizieren**